(Par le marquis de La
Gervaisais.)

(Par le marquis de La
Gervaisais.)

(Par le marquis de La Gervaisais.)

(Par le marquis de La Gervaisais.)

84 MILLIONS
à placer

EN ACHAT DE RENTES,

OU EN RACHAT,

DE LA GABELLE, DE LA TAILLE, ETC.

> Frappons plutôt l'émeute, et faisons justice. (*Paroles d'un ministre*, 26 décembre 1831.)
>
> Faites plutôt justice, et prévenez l'émeute. (*Réponse de l'auteur.*)

PARIS,

A. PIHAN DELAFOREST,

IMPRIMEUR DE LA COUR DE CASSATION,

RUE DES NOYERS, N° 37.

1832.

Qu'êtes-vous donc? Les députés, ou plutôt les délégués du peuple français.

« Les députés sont la pensée du peuple pour les lois. (M. de Pastoret, an 5). »

Et quelle est la pensée du peuple, au moins parmi les dix-neuf vingtièmes, au moins pour les quatre cent trente députés de province, contre douze députés de Paris.

A l'égard de l'impôt ; libération de la classe indigente, et allégement des classes malaisées.

A l'égard de l'amortissement, néant.

Or, vous êtes la pensée du peuple, ou vous n'êtes rien :

En lui, le droit absolu, le devoir relatif.

En vous, le devoir absolu, le droit relatif.

Pour lui, plus de devoir relatif, au mépris de son droit absolu.

Pour vous, plus de droit relatif, au mépris de votre devoir absolu.

Dès lors, vous n'êtes plus maîtres, et il reste libre : vous commandez à tort, et il désobéit à raison.

Votre droit transmis, à tel titre, en telle vue, est consommé, consumé.

Son droit natif survit seul.

Qu'importent, et les lois politiques, pour qui n'exerce pas de droits ; et les lois civiles pour qui ne possède pas de biens ; et les lois pénales pour qui ne commet pas de délits.

Quant au peuple, il n'y a qu'une loi, la loi de l'impôt.

Qu'on vote donc l'impôt enfin : il n'a pas encore été voté, en connaissance de cause : il n'a jamais été voté ni en raison, ni par comparaison.

Paye, dit la loi. Je ne paye pas, répond le droit.

Qui sera le plus fort ?

Certes, l'être de raison, l'être de conscience ne travaille pas à la perte, à la ruine de l'ordre existant : par cela même que l'ordre quelconque, n'est détruit qu'à l'aide du désordre, et que le désordre évidemment progressif, de moins en moins ne se prête à aucun ordre.

Il ne travaille pas à la chute du pouvoir agissant : par cela même, que ses rivaux, bien qu'assez forts pour le renverser, seraient trop faibles pour se soutenir contre d'autres ; et que d'autant le déplacement se montre facile, d'autant le remplacement se trouve difficile.

C'est plutôt en vue de la conservation de l'ordre et du pouvoir, que les blâmes quant au passé, et les conseils pour le présent, et les menaces dans l'avenir, sont adressés sans relâche, sans mesure peut-être.

En fait de fautes, la coupe étant enfin remplie jusqu'au bord, ne manque pas de tomber, de se briser. Napoléon lui-même a été perdu par les lâches adulations, eût été sauvé par les généreuses résistances.

Et qu'on daigne observer comment une différente ligne d'opposition a été suivie sous trois ministères : toujours en raison combinée des périls qu'encourait l'Etat par la conduite de tel ou tel, et des risques qu'apportait à l'Etat le changement de l'un ou de l'autre.

Ainsi, du temps de M. de Villèle, les périls laissant encore du répit et les risques ne se rencontrant nullement, il fallait attaquer l'homme même, non dans ses intentions, mais dans ses conceptions.

Ainsi au temps de M. de Martignac, les périls menaçant d'atteindre au terme fatal, et les risques s'aggravant en même proportion, il y avait à respecter la personne, à critiquer les plans seulement.

Ainsi au temps de M. de Polignac, les périls étant à la veille d'aboutir, et les risques s'élevant au plus haut degré, on devait, plutôt que d'ébranler l'être en place, tenter d'éclairer sa marche.

On devait surtout faire pressentir au parti hostile, qu'en

poussant et mettant la royauté au pied du mur, c'était la contraindre à passer de la vaine défense, à la folle attaque.

Maintenant autre phase, autre crise.

La révolution politique a eu lieu : et le temps seul , en le laissant à lui-même , a le droit, a le pouvoir, ou d'améliorer et consolider, ou à défaut d'abattre et reconstruire.

La révolution sociale est imminente : et l'individu tel qu'il soit, n'a pour tâche, pour règle, que de prévenir, d'autant qu'il n'y aurait plus à réparer.

Or, en cet état, l'homme fort de renom, puissant d'esprit, ferme de caractère, était presque introuvable , est à peu près irremplaçable.

Pourquoi faut-il que n'ayant ni conçu, ni comploté la révolution, et qu'au lieu de la devancer, s'y étant rallié seulement, sa tête recèle encore certains systèmes incompatibles avec la loi des circonstances actuelles.

Pourquoi faut-il qu'au moins sur les sujets capitaux de l'impôt et du crédit, il s'abandonne trop à des influences qui jamais ne furent propices, qui sont fatales à présent : s'exposant à laisser perdre l'Etat de ce bord, après qu'il est parvenu à le sauver de l'autre.

C'est de lui seul, c'est par lui seul, que l'homme d'Etat a garanti la France des désastres de la guerre générale, a préservé la France des tentatives d'une opinion exaltée, a rétabli l'ordre et le calme à un certain point, a relevé en quelque degré , la richesse publique, a même amorti, ce semble, l'effervescence des passions ennemies.

Seul, il a fait tant de bien : mais que sert, si d'autres ont à faire plus de mal encore.

A peine importent les révolutions politiques , qui n'altèrent que les formes, qui n'opèrent qu'à la surface.

Au lieu que les révolutions sociales pénètrent jusqu'au fond et bouleversent le sol même.

Et, c'est là où l'on va : d'autant plus vite, qu'on ne le voit pas, qu'on ne le veut pas.

Discutez; disputez ! et vous doctrinaires ca-
duques des centres, et vous imberbes doctrinaires
des ailes.

Ainsi faisaient les docteurs du bas empire.

Là, de quelle nature est la lumière du Mont-
Thabor, ou terrestre ou céleste? c'est le problème
à résoudre : cela fait, on avisera au reste.

Mais les Turcs campent sous les murs.... mais
les Turcs battent en brèche.... mais les Turcs
montent à l'assaut....

Qu'ils attendent, et se tiennent tranquilles !
nous ne sommes pas prêts, nous ne manquerons
pas de leur donner notre jour.

Ici, de quelle sorte sera le mode de la société
française, ou olygarchique, ou anarchique? Car
d'être loyalement libéral, nul n'en veut; et d'être
réellement monarchique, nul n'y peut.

C'est le problème à résoudre; tout autre soin
cessant, et nul risque ou du moins nulle crainte,
ne tourmentant.

Cela fait, on avisera pour le surplus.

Mais les peuples souffrent de temps immémo-
rial.... mais les peuples sont las d'endurer.... mais
les peuples ont la force, et n'ont que la force
brute, brutale....

Eternellement, le droit artificiel, et le fait naturel se rencontrent face à face, se posent dans la lice, se tiennent en état de lutte.

Maintenant, en tête gissent ceux qui ont jeté bas le vieux trône, qui se sont affublés de ses dépouilles, se sont retranchés derrière ses débris.

Et ils disent à qui veut l'entendre. Le pouvoir est à nous, puisque nous l'avons ravi à qui l'exerçait : le droit est en nous, puisque nous l'avons éteint où il résidait.

Ils disent en outre, mais entre eux seulement : nous avons le pouvoir, nous avons le droit : nous ferons des phrases en vertu du dernier ; nous nous ferons des armes au moyen du premier.

Oh ! la leçon qui a tant coûté à d'autres, ne sera pas perdue pour nous.

Arrière les vieux dictons! il semblait à tant de pauvres esprits, que le pouvoir natif avait à concéder et non à céder, que le pouvoir transmis n'a qu'à céder et non à concéder.

Nous avons changé tout cela.

Enfin, il a bien fallu que celui-là céda, et céda tout : il ne faut pas que celui-ci concède même, concède rien.

Plus de concessions (le mot a été dit), au peuple qui nous a fait ce que nous n'étions pas, au peuple qui s'est fait des maîtres, au lieu qu'il était maître.

Plus de concessions, aux aspirans à la liberté, aux vainqueurs de l'autorité ; lesquels, à bien dire, en sont avides outre mesure, et n'en seraient jamais repus.

Mais quoi, plus de concessions aussi, aux malheureux de naissance et d'existence, aux souffrans des siècles, aux patiens de la loi, aux enfans abandonnés par la mère commune.

Certes, voilà bien les barbares, en rétorquant l'épithète scandaleuse des *Débats*.

Et barbarie enfante barbarie. Les barbares de la presse et de la tribune, évoquent les barbares de carrefour et de campagne.

Voyez passer les barbares de droit : voyez venir les barbares de fait.

Il y a la loi du talion, toujours équitable en principe, toujours désastreuse en conséquences.

De tout temps, le droit fait route à l'aveugle, et pousse en avant et s'emporte de plus en plus, et prétend franchir tous obstacles, briser toute résistance.

Tant qu'épuisé d'efforts, énervé de forces, un jour venant, le fait refoulé sous ses pas, acculé au pied du mur, se retourne et l'attère de son aspect, l'écrase de son poids.

En dire les suites, c'est dire, subversion, désolation, conflagration, extermination.

Puissans du jour, il n'importe qui vous soyez ; d'où vous venez ; si vous agissez de même, si vous marchez en mauvais sens.

Puissans de ce jour, il n'importe de vous, à titre personnel, de vous, à raison de votre identité.

Périssez donc ! il ne manquera pas d'organes à la loi, d'agens au pouvoir. Le pays n'aura pas à

se mettre en quête, en peine de nouveaux maîtres.

A qui tend le dos, il n'y a que le faix qui pèse.
Le baudet de la fable parle au mieux : me fera-
t-on porter double bât, double charge ?

Puissans du jour, puissans de ce jour, rien n'est
dit pour vous, et tout est dit à vous.

Vous périssans, l'autorité dépérit de plus en
plus, la société périt peut-être, la nature pâtit au
moins.

Vaines idoles, posées sur leurs précieux autels,
s'il est à vous préserver, c'est pour les garantir.

Mais que sert-il ? enivrés d'encens, étourdis du
bruit, éblouis par l'éclat, la colère devance la
vengeance au pied boîteux.

« Allez, disent-ils, allez niveleurs, perturba-
teurs, désorganisateurs : allez prédicateurs de licence, provocateurs de révolte.

« On vous connaît trop. Vos fins sont diverses,
vos voies sont semblables.

« Poussant ici à la légitimité, là à la république,
ailleurs à l'empire, tous vous vous ralliez sous la
commune bannière de l'anarchie.

« Et parlant au peuple, vous réveillez ses dou-
leurs, vous ranimez ses souffrances : vous lui ins-
pirez la plainte et la menace, vous lui apprenez
ses droits et ses moyens ; vous le provoquez à la
défense, à l'attaque même. »

Or que l'orgueil est donc bête, s'il croit que le
peuple ne sent rien, ne sent pas ; s'il croit que

les mots frappent plus que les faits, que les actes.

L'orgueil tue la mémoire, tue l'intelligence, ainsi qu'il tue tout sentiment humain.

Eh ! mais, on dit ce qui sera, on ne fait pas ce qui sera : même on dit ce qu'il faut faire, pour que cela ne vienne pas à être.

En n'écoutant pas, le pouvoir est perdu sans ressource, presque sans remise : en écoutant, il ajourne du moins, il adoucit sans doute, il évite peut-être la crise formidable.

Arrêtons-nous. Les reproches vont aux choses, plutôt qu'aux hommes.

N'est-il pas trop vrai, que le pouvoir, à quelques hommes qu'il soit donné, quelques hommes qui lui soient donnés, se saisit d'eux, les façonne à sa guise :

Et qu'au lieu de se faire à eux, il les fait à lui, il les fait siens.

Si bien que tout gouvernant le plus neuf aux affaires, que tout gouvernant le plus audacieux en systèmes, devient aussitôt gouvernemental de même sorte, en même mesure.

Il entre, méprisant le passé et s'élançant dans l'avenir ; il s'assied, obéissant au passé, se retirant devant l'avenir.

De là, le droit, le pouvoir ne procédant point en raison des faits présens, et se tenant pour immuables, à travers le tourbillon des mutations, restent en discordance pour l'heure, autant qu'ils étaient autrefois en accord.

Ainsi tournant à l'incompatible dans l'ordre moral, à l'impossible dans l'ordre matériel.

Ainsi nécessitant, et par conséquent légitimant tantôt la ruse et la fraude, tantôt l'émeute et la révolte.

Déja, quelque sinistre pressentiment dénonce que par anticipation, l'esprit ou le démon gouvernemental, possède certains êtres peu douteux de leurs chances futures.

En idée, le pouvoir leur revient à titre de substitution, leur appartient en façon de nue propriété.

Ou demain, ou après-demain, le pouvoir sera leur chose ; chose vraiment précieuse, dont il y aura à jouir, qu'il y aura à faire valoir.

Et soudain s'efface, s'annulle l'homme de liberté, d'égalité, d'humanité, même l'homme de sens.

Soudain perce et pousse, quoiqu'enveloppé encore de voiles artificieux, l'homme de gouvernement.

Que la sainte cause cesse de compter sur leur aide.

Désormais, plus de lutte contre les abus enracinés par le laps du temps, contre les vices transplantés des vieux jours.

Un seul abus reste sensible : c'est cet abus criant que d'autres soient encore au pouvoir, que le pouvoir ne leur soit pas remis enfin.

En ce sens, la guerre sera sans relâche, sera à outrance

Si par chance, l'entraînement mène à attaquer des abus de nature différente, ce sera sans y porter suite, sans tirer à conséquence.

Tout pour le pouvoir, rien pour le pays : devise sacrée, ce semble, à force d'être commune.

La tribune et la presse libérale, souvent en font preuve, quant aux systèmes de crédit et d'impôt.

Même la presse royaliste en partie, ou répugne à démentir ses erremens surannés, ou se refuse à trahir ses destinées avenantes.

Soit que le sort lui semble s'être engagé à faire triompher ses vœux, en telle sorte qu'il n'y a qu'à se croiser les bras.

Soit que son art s'apprête à développer des moyens plus que suffisans, si bien qu'il est superflu d'exploiter d'autres voies.

Comment donc ? Le suffrage universel, les états généraux, le vote de l'impôt en bloc ; et la restauration marquée au titre de fausse ; et la charte octroyée en l'absence de tout droit ; et l'ancienne constitution de France exhumée du néant, érigée au suprême faîte, inaugurée pour l'éternité ! n'est pas assez ?

Peut-être, la classe moyenne ne sera pas séduite par de tels appas.

Mais quant au peuple, certes tant de présens, de faveurs, de bienfaits ne manqueront pas de l'enivrer.

Car entendez ceci : bien qu'il paraisse travailler des bras plus que de la tête, et ne pas rêver même en dormant, et ne vivre que pour boire et manger, et ne lire que dans ses heures au plus.

Encore, le peuple est tout esprit, est esprit pur.

Qu'on aille parler de lui rendre justice ; et d'alléger ses charges au niveau du nécessaire, de répartir les impôts, en raison des moyens ; et de ne plus faire payer qui ne peut, dans la vue de faire payer qui peut.

Fadaises, sornettes, billevesées! s'écriera le peuple, en retournant le vers du bon Lafontaine :

Pourvu qu'en somme je règne,
Je suis plus que content.

Deux lignes, l'une droite, l'autre courbe, mènent à la vérité : par celle-là, on y parvient; par celle-ci, on y revient.

Là on raisonne d'abord ; chose presque inouïe : ici on déraisonne tant et tant, qu'enfin le cercle entier est parcouru, et le terme est atteint à rebours.

Entre la raison et la déraison, la seule différence est dans l'épargne ou la perte de temps, de frais, d'efforts.

Et ce ne sont guères les argumens adverses qui triomphent, étant le plus souvent entachés d'artifice.

C'est plutôt l'opinion même qui s'affaisse et succombe, sous le poids écrasant de sa propre argumentation.

On s'est convaincu; on n'est pas vaincu.

Aussi on se refuse à rendre les armes, bien qu'elles tombent des mains.

On lutte, mais en apparence, mais pour la forme : on lutte non pas contre la chose, et plutôt contre les hommes.

Même la vanité renie à haute voix, ce que la conscience s'avoue en secret.

Il manque encore que le fleuve d'oubli soit venu balayer l'ancienne lice des débats.

Il en est ainsi, au sujet de l'amortissement.

Dans l'exposé des motifs de 1831, et dans le rapport du budget de 1832, les mêmes motifs ou moyens, sont mis en avant.

Là, avec l'accent impérieux de l'exaltation, et à l'abri de paradoxes téméraires.

Ici, sur le ton doucereux de l'exhortation, et à l'aide de timides sophismes.

Du reste ici et là, de même apparaît parfois non pas l'opinion réfléchie et résolue ; mais mieux que cela, le sentiment intime, intuitif.

De nombreuses citations du rapport en ont donné la preuve. (*Du rapport sur le budget.*)

L'exposé est aussi abondant en produits analogues.

« Ce qu'il y a de plus difficile à exiger des gouvernemens, c'est l'acquittement de leur dette...

« L'une des plus grandes objections adressées au système d'amortissement, c'est qu'on le viole.......

« Il faut le dire à la honte de tous les gouvernemens, le vrai système n'a encore existé nulle part.......

« Les mains de l'homme sont souvent impuissantes pour saisir et façonner l'avenir. »

On voit que ni l'ancien ministre, ni le rapporteur actuel, n'annoncent une foi vive et robuste, une foi de la sorte de celles qui transportent les montagnes, de celles qui emportent les opinions.

Ils prêchent plutôt qu'ils ne professent leur re-

ligion : à peine néophites, ils vont faire des pro-
sélytes.

Au moins, quant au ministre avec lequel le
rapporteur ne fesait qu'un dans le temps, un
blasphème semble s'échapper dans ses aveux
ingénus.

« L'Angleterre a adopté un amortissement fort
modique, et l'a très inexactement servi........

« Mais elle a été d'une fidélité inviolable dans
le paiement des intérêts; et elle a joui du premier crédit de la terre.......

« Son système imprime la force nécessaire
pour suffire à un siècle de guerre et de grandeur........

« Seulement à la fin de ce terme, il laisse
une nation avec une dette énorme et un avenir
épuisé. »

Certes il n'est Français en France, ni homme
au monde, ni être dans la lune, qui n'acceptat à
baise main, de telles destinées.

Qui ne consentit, à titre de forfait, l'abandon
plein et entier de toute prétention présente, et
de toute conception passée, et de toute appré-
hension future.

Un siècle de guerre et de grandeur! c'est à
prendre.

A ce terme, un avenir épuisé : c'est à attendre.

Un siècle avec toute garantie; un avenir, non
sans quelque chance : vraiment le marché est bon.

Même on a peine à concevoir, comment et

l'un et l'autre, gens de science et de prescience, s'il en fut, ont imaginé d'obtenir plus en bénéfice, d'engager à plus en sacrifice :

Comment, au mépris de l'adage, un bon tien vaut mieux que deux tu l'auras ; ils n'ont pas frémi jusqu'en la moelle des os, de risquer le bien, en tentant le mieux.

O altitudo ! faut-il s'écrier, puis se taire.

Encore, on comprendrait que l'attrait ineffable du jeu, que l'appât indicible du lucre, seraient de force à pousser sur de telles voies, et à dérouter le bon sens, à récuser le simple calcul.

Mais l'un comme l'autre se sont mis au-dessus de tout soupçon, n'ont laissé aucune crainte à cet égard.

Les paroles du ministre, sont formelles, explicites.

« L'amortissement n'est pas fait, *vous le savez,* pour enrichir les spéculateurs.....

« Les spéculateurs gagnent autant à la baisse qu'à la hausse des fonds publics.....

« Les spéculateurs gagnent même davantage dans le désordre, que dans la prospérité des finances. »

Le rapporteur s'est expliqué en termes plus précis encore.

« Personne n'est moins intéressé à l'amortissement, que les joueurs de la bourse.....

« Les joueurs parient sur le mouvement des fonds : il y a plus de mouvement pendant la baisse que pendant la hausse.....

« L'amortissement travaille à consolider le prix des fonds : il diminue la masse des rentes livrées au jeu,.....

« Ses capitaux ne vont pas dans les mains des joueurs : loin de là, ils vont dans les mains de celui qui se retire. »

Voilà qui est avéré, constaté, incontesté.

Il y a divorce pour incompatibilité d'humeur, entre l'amortissement et l'agiotage.

L'expérience est trompeuse ; le raisonnement est trompeur : vaines lueurs qui égarent les esprits.

Faites l'essai : à mesure que l'amortissement viendra à gagner de l'embonpoint, l'agiotage va s'amaigrir, s'appauvrir.

Gens de peu de foi, vous croirez alors.

Voilà que la scène est débarrassée de cette nuée de fantômes attrayans pour les uns, repoussans pour les autres.

Nous entrons dans le champ des réalités.

Or en 1831, le ministre, le rapporteur, et le commissaire maintenant rapporteur, s'accordaient sur ce point, qu'il fallait conserver une certaine quantité de dettes.

Le rapporteur n'entendait réduire que de deux cinquièmes, la dette publique, qu'il portait en capital à 4,600,000,000 fr.

Et ses vœux étaient accomplis d'avance, car,

ainsi qu'il fut démontré alors, la dette réelle ne monte qu'à 2,800,000,000 fr. (1).

Le commissaire déclarait qu'au quart du revenu, la dette est supportable : et ses craintes sont au moins assoupies, puisqu'elle se limite à 170 ou à 140 millions, c'est-à-dire au sixième ou au septième environ.

Aussi au dire des uns et des autres, la fin ca-

---

(1) Bilan de la dette en chiffres de convention, d'après le rapport :

	Rentes.	Capital.
5 p. 0/0	164,000,000	3,280,000,000
3 p. 0/0	38,000,000	1,250,000,000
	202,000,000	4,530,000,000

Déductions à opérer.

40 millions 5 p. 0/0.	800,000,000	
30 millions idem	600,000,000	1,870,000,000
Excédant des 3 p. 0/0.	470,000,000	
Bilan de l'État, en chiffres de vérité.		2,660,000,000

Attendu que les 40 millions rachetés ne sont plus rachetables ; que les 30 millions de rentes immobilisées ne sont ni rachetables, ni remboursables ; qu'enfin les 38 millions des 3 p. 0/0 ne sont pas plus au denier 33 qu'au denier 20, pour peu qu'on ne rachète ni ne rembourse.

Le tout sans parler des 4 et des 4 1/2 alors existans. (*De l'Amortissement* : 1831.)

(19)

pitale de l'amortissement, n'est pas de réduire la masse des dettes.

Son œuvre essentielle est ceci :

(Exposé de 1831). L'amortissement est fait pour procurer à l'Etat, des fonds à bon marché.

(Rapport de 1832). Vous avez à user de votre crédit.... il faut vous adresser à l'emprunt.

« Et vous iriez toucher à l'amortissement; c'est-à-dire, décider que vous traiterez à 8 et 10 plus bas, c'est-à-dire encore, sacrifier 15 ou 20 millions.»

Obtenir des fonds à bon marché ; éviter un sacrifice d'intérêt. Amortir pour emprunter, ou racheter pour revendre, ou restituer afin de reprendre. C'est tout.

Non sans cette sage sous enténte, de n'amortir, de ne racheter et restituer, que pour la fraction la plus minime, que pour la période la moins lointaine.

Et par conséquent, d'induire en erreur, non pas les preneurs, qui sont d'accord avec les bailleurs; mais les acquéreurs futurs, qui vivent et meurent dans l'ignorance, dans l'innocence.

Ainsi que cela eut lieu en Angleterre, pendant la guerre dernière : au terme de laquelle, l'amortissement fut bientôt mis à bas.

Ainsi que cela aura lieu en France, après quelques révolutions, non pas de crises, et seulement de temps : où l'amortissement sera aussi mis à bas, nonobstant toutes lois, décrets ou édits à ce contraires.

Ce qui certes, n'est pas bien en conscience, pour ceux qui voient au-delà du bout de l'an ; n'est pas bien en raison, pour ceux qui ne voient qu'en-deçà du bout de leur nez.

Or pour qui se trompe, tant pis sans doute : pour qui tente de tromper, tant pis de même.

La pilule est mal dorée; la ruse perce au grand jour; l'appât se sent du plus loin.

Que dire ! on ment aux autres, on se ment à soi-même ; et cela fait, on croit avoir ville gagnée.

Erreur. La conscience est récalcitrante, réfractaire : à peine expulsée d'un bord, elle fait irruption de l'autre.

Voilà que la pensée s'est dérobée au sceptre de la conscience : et voici que la conscience tient sous le joug, la parole même.

Parlez beaucoup, parlez bien. Votre phrase décèle la gêne, la contrainte. Le sens dément les mots, l'esprit tue la lettre.

Le génie même échoue à faire croire ce qu'on ne croit pas.

Amortissez, s'écrie le rapporteur : et vous traiterez à 8 et 10 plus haut.

Amortissez, s'écriait le ministre, et vous vous procurerez des fonds à bon marché.

L'expression à bon marché est un peu crue sans doute : l'autre dit mieux, et pourtant dit de même.

Mais quel niais y serait pris ?

Encore si la loi ressuscitée de 1851, allait consacrer l'amortissement avec intérêt composé, comme on dit, pour quelque éternité contingente.

Au moins pour en revenir, il faudrait une autre loi, de même solennelle, sacramentelle.

Loin de là. A peine et à grand' peine, il doit être arraché à la chambre, une loi annuelle, ou plutôt mi-annuelle, puisqu'un semestre presque entier sera régi sous le provisoire.

Et pour 1833, va revenir le vote d'annualité, de plus en plus ardu à proposer, amer à digérer.

C'est une double règle de trois. Le projet de 1831 est à l'éternité, comme celui de 1832 est à l'annualité ; comme celui de 1833 sera à.... : terme à calculer.

Vous ne promettez pas. Et en cela vous agissez avec prudence, avec pudeur.

Car, il ne vous appartiendra pas de tenir, ni même de ne pas tenir.

D'abord en nature d'hommes, d'autres que vous, tous autres que vous, se seront implantés en votre lieu, auront été eux-mêmes supplantés, sans fin, sans cesse apportés ou jetés par des vents opposés.

En fait de choses, c'est plus ou pis encore.

Silence ! ! ! ! Cham fut maudit. Ne déchirons pas le voile ; ne découvrons pas les plaies de notre vieille mère, de notre mère décrépite, hélas !

Mais gémissons, frémissons !

A voir ceux-ci trop arriérés, tenter jadis et

maintenant, de l'affubler des pompons, des ori-
paux de sa jeunesse, tombés en loques ou pour-
ris de vétusté :

A voir ceux-là si aventureux, prétendre de
rechef, tailler et trancher dans le vif du squelette,
et lui faire subir la fatale épreuve d'Eson.

En un seul mot, sont dits tous les périls, non
pas précisés et circonscrits, mais indéfinis, illi-
mités :

Les périls dont mille et mille évités à force
d'art ou par un coup du sort, en laissent encore
tels et tels, plus que suffisans à parfaire le mal.

Voici le mot.

L'être ne se corrige pas : le fait ne se répare
pas.

Et vienne donc l'amortissement, avec son cor-
tège obligé de 100 millions par an, pour la presque éternité seulement !

Enfans de l'agio !!!

Luditis ! Interea vobis luditur hora !

Or défiez-vous de vous-mêmes.

Le grandiose éblouit l'esprit, étourdit la raison.
Le gigantesque a le semblant du grandiose.

Fragile en durée, en puissance, frêle d'opinion
et de volonté, l'homme se prend en honte, et
tente de renier devant autrui, de se nier à lui-
même, sa nature.

Il s'élance aux vagues espaces de l'imagination :

et là, il se glorifie, s'enorgueillit; ni borne, ni terme n'étant plus imposés à son idée.

Faible qu'il est sur l'instant, il se fait fort dans l'avenir. Brisé qu'il sera peut-être par un souffle de demain, il prétend commander aux tempêtes du temps.

Aussi quel contraste !

Déja voyez chicaner et rogner en détail, sur chaque fleuron de cette couronne, qui fut forgée du premier coup de feu.

Bientôt voyez batailler et lésiner par le menu, sur les divers services de cet Etat qui ne vit, ne grandit qu'à leur aide.

Y aura-t-il un sauvetage de 8 à 10 millions ? Non sans péril, ici pour la sécurité et la prospérité, là pour la dignité et l'autorité.

Quelle jubilation parmi *les assis et levés !*

Soudain, c'est une toute autre scène.

« Messieurs, vous plaît-il d'adopter un système *qui n'a encore existé nulle part ?....*

« Vous plaît-il d'assurer au pays, *au-delà d'un siècle de guerre et de grandeur ?....*

« Vous plaît-il de lui donner un crédit, *au-dessus du premier crédit de la terre ?....*

« Messieurs, vous plaît-il de créer au centre de l'Etat, un immense réservoir de capitaux, et d'établir à côté de la puissance qui l'épuise, une autre puissance qui le remplit en même proportion ? »

Ainsi parlait l'exposé des motifs de 1831 :

quelque peu incertain de s'entendre lui-même ; mais en revanche, se tenant pour sûr d'en faire accroire aux autres.

Ainsi ont parlé, ou parleront tous exposés et rapports sur le même sujet ; au risque de telle infortune, avec la chance de telle fortune.

Et la scène se passe dans les nues : si bien que les esprits, guindés jusqu'en ces hauteurs inaccoutumées, se troublent, se perdent et adoptent.

Quel sang-froid, quel bon sens y pourraient tenir ?

Se montrer les seuls en génie ; s'asservir le cours des siècles ; s'enlever par-dessus l'Angleterre !

Fabriquer un réservoir magique, qu'une puissance épuise incessamment et qu'une autre remplit simultanément ; partant, qui est toujours vide et toujours plein !

Qu'importe ce qu'il en coûte ?

Mais n'est-ce pas 80, puis 100, enfin 120 millions, qui sont requis pour combler l'abîme entr'ouvert sous les pas, pour ériger en son lieu et place quelque nouvel *Eldorado ?*

Mais faut-il que cet immense capital soit extrait, centime par centime, de chaque goutte de sueur, soit dîmé d'instant à autre sur le pain de la vie ?

A l'ordre ! à l'ordre !.... c'est sortir de la question.

Répétons-le. Défiez-vous de vous-mêmes ; les meilleurs esprits, les meilleurs cœurs y ont été pris.

Voilà le premier point ; et voici le second.

Prenez des hommes, vieux d'expérience, mûrs de raison, jeunes de prévision.

Ne disons pas forts de conscience : le mieux est de ne pas l'exiger, et surtout de n'y pas compter.

Or jusqu'à présent, il n'y a pas eu d'hommes aux finances ; d'hommes, comme il s'entend, ayant une intelligence, une opinion, une volonté ; d'hommes ayant une existence, ayant un être, en appartenance.

Tellement que le char fiscal suit l'ornière ; et d'autant que l'attelage est vigoureux, creuse son lit : attendant qu'un puissant coup de fouet l'en fasse sortir enfin.

L'*Almanach royal* nous montre bien des noms de diverses consonnances, qui apparaissent, disparaissent et reparaissent.

C'est pure fantasmagorie. Le vrai est ceci.

En la rue de Rivoli, gît une mécanique à crédit, vraiment apte à ses fins, et puissante en ses moyens ;

Qui fut érigée il y a seize ans ; et chaque année, est réparée à grands frais, est restaurée au dire des plus fins connaisseurs.

Or, elle fonctionne le mieux qu'il se puisse : seulement, elle ne fonctionne pas, *a motu proprio*.

Par distraction sans doute, le principe du mouvement perpétuel ne lui a pas encore été appliqué. Il faut qu'une impulsion lui soit transmise du dehors.

De plus ; bien qu'étant en son genre, machine parfaite et plus que parfaite, encore il est besoin de régler le jeu, d'adoucir les rouages, de fournir la matière, de surveiller l'œuvre.

Dans les fabriques banales de produits animaux, végétaux, minéraux, des gamins en font le service.

Dans la fabrique suprême des richesses nationales, la charge est plus éminente, plus délicate peut-être.

Des ministres en ont l'office.

Tels ou tels, il n'importe. C'est un labeur de manœuvre ; le souffleur d'orgues n'a ni plus ni moins de mérite.

Ainsi les choses vont leur train, petit ou grand ; tant qu'il n'y a pas d'hommes.

Veut-on, ou ne veut-on pas laisser aller ? Les vices ont été dits, les désastres prédits.

Et on le sent, on le sait ; il manque d'agir.

Répétons-le aussi.

Prenez des hommes vieux d'expérience, mûrs de raison, jeunes de prévision.

Prenez des hommes enfin : hommes de génie, s'il en est encore ; et non, hommes de manie, comme il en est tant

Nous en sommes loin, très loin, au plus loin, toutefois à en juger sur l'étiquette du sac.

Le style fait l'homme , dit-on : alors l'homme ministre serait bref et sec , plus qu'il n'y eut jamais.

On ne dira pas qu'il soit enjôleur, embaucheur. D'autres se complairont à déployer les sophismes; quant à lui, il procède par la voie des aphorismes, à l'instar d'Hippocrate.

Dans le discours en tête du budget , d'environ dix pages, il n'y a qu'un mot sur l'amortissement: et voici ce mot.

« Viennent ensuite nos dettes , et toutes ces rémunérations pour services passés, que la charte a mises au rang des dettes de l'État.

« Nous ne pouvons y porter la main , sans manquer à la foi publique, sans violer les lois fondamentales du pays.

« Les dépenses de cette nature, en y comprenant l'amortissement , ce soutien nécessaire de la dette , s'élèvent à 359 millions.

« Ainsi, voilà 359 millions prélevés sur le budget, sur lesquels il n'est pas en notre pouvoir de rien retrancher. »

Telle est la loi , la charte du fisc.

On ne peut porter la main sur l'amortissement, sans manquer à la foi publique.

Il n'est au pouvoir de qui que ce soit, de rien retrancher à l'amortissement.

Si bien que , pour la triste France , il ne reste qu'à subir, à pâtir; sauf toutefois qu'un autre ministre lui incombe.

Il manque à faire place nette de la bourse et table rase dans les têtes.

Que veut-on ? abolir le jeu, obtenir des fonds ;

C'est-à-dire, restituer à la production, les capitaux, les talens et le temps dérobés, absorbés par la spéculation.

Et assurer à l'État les moyens de maintenir l'ordre au-dedans, de garantir la paix au-dehors.

Que faut-il ? les vœux marquent les voies : traduisez ceux-là, vous êtes conduits sur celle-ci.

Même, il n'y a double vœu qu'en idée : dans la réalité, les deux vœux ont à s'accomplir par une simple et seule voie.

L'œuvre est une. Et c'est la consolidation des rentes présentes, la reconstitution des rentes futures.

En consolidant à demeure, on abolit le jeu, quant à son exercice sur la masse existante à présent.

En reconstituant à nouveau, on obtient des fonds avec moins de frais, moins de risques.

Il s'agit d'imposer un point d'arrêt, au cours progressif des choses; d'opérer le départ, entre le fait actuel et le fait éventuel ; d'ériger le poteau de démarcation, aux confins du passé, aux frontières de l'avenir.

Dieu garde que ce soit compromettre le service des rentes, ou aventurer la chance des emprunts.

Bien au contraire. La masse compacte de la dette, alourdit les mouvemens du crédit : et les mouvemens déréglés du crédit, ébranlent la masse de la dette.

La dette mise non pas à l'écart, mais à part, laisse un large champ à l'exercice du crédit, lui lègue en toute propriété, l'immensité des temps.

Et le crédit mis en liberté s'égare, se fourvoie peut-être ; mais ne heurte point, ne choque plus le corps de la dette.

Qu'on fonde donc et réellement, matériellement, les rentes dites perpétuelles : qu'on les implante, qu'on les enracine dans le sol du pays.

Qu'on travaille à les immobiliser, à la façon des immeubles fictifs, ainsi qu'il en était autrefois.

La méthode est simple, facile.

Il suffit de ne plus s'astreindre aux rachats, de ne plus contraindre au remboursement.

En se dégageant d'une manie insensée, en s'engageant contre une vaine tentative, le type de l'effet s'altère, s'améliore.

L'effet cesse d'offrir matière, cesse d'être livré en proie, à l'agiotage ; tantôt haut, tantôt bas de valeur.

Il rentre en nature d'immeubles, en biens de patrimoine, en fonds d'héritage, fixe enfin de valeur.

La rente devient un placement durable, une collocation solide.

Et les rentiers deviennent propriétaires, par conséquent citoyens de fait, de droit.

Et les gens de provinces recherchent au grand livre, un accroissement de revenus, un allègement de frais et de peines.

Etat de choses qui sera de mieux en mieux garanti, de plus en plus étendu.

Au moyen de ce que les coupons soient pris en paiement des contributions; mesure qui épargne à la circulation, des dépenses, des retards, des pertes.

Au moyen de ce que la rente soit admise dans la proportion du dixième au quinzième, à concourir à la fixation du cens électoral; mesure qui s'adapte mieux à un immeuble fictif, qu'au mobilier fugitif que représente la patente.

Veut-on détruire l'engeance de bourse, et créer une race de cité.

Veut-on assurer le maintien des lois et amener le retour aux mœurs.

Veut-on rendre des fonds au travail, des talens à l'industrie, des profits à la richesse.

Tout ce qui plait et convient, s'acquiert ainsi, est perdu autrement.

Même, le trésor y gagne en ressources : attendu que la rente flottante se case peu à peu et qu'un fort capital est reversé sur les bons royaux, sur les nouveaux emprunts.

Qu'y a-t-il contre?

Quelque motif honteux qui ne s'avoue pas et fait bien, puisque chacun le devine.

Quelque prétexte dès long-temps mis en jeu, plus que jamais apte à rendre service.

Ecoutez donc.

« Point d'amortissement, point de rembourse-ment.

« Et peut-être le premier crédit de la terre..... et sans doute un ou deux siècles de grandeur.

« Mais alors une dette énorme...... un avenir épuisé !

« Ainsi fait l'Angleterre : faut-il que la France fasse ainsi ?

« Non mille fois. A cet aspect quelque peu lointain, l'imagination se révolte, le cœur se sou-lève.

« Nous n'y serions pas, ni nos fils, petits-fils, arrière-petits-fils, etc., etc., etc.

« Pourtant, sauf que le monde finisse avant, il y aura de nos hoirs, légitimes ou illégitimes.

« Or la famille, la famille! n'est-ce pas tout maintenant? Puis, la patrie, la patrie! n'est-ce pas plus que tout ?

« Et le devoir, l'honneur donc.... »

Qui pense ainsi, on ne sait : qui parle ainsi, on l'a vu. Le commentaire est déduit du texte même.

Cet avenir épuisé au bout du siècle de grandeur donne le cauchemar. N'est-ce pas à tort?

Seulement un dilemne.

Le siècle, ou le quart, ou le dixième, ou le centième du siècle, doit-il être dévoué aux révolutions, n'importe en quel sens?

Certes, la dette n'y tiendra pas : chétive et fragile qu'elle est, au rapport des annales de France.

L'avenir sera peut-être épuisé, mais non par la dette.

Si au contraire, règle quelconque, règne quelconque, fût-ce quasi-règle, quasi-règne, vient à durer,

Que sera-ce donc que la dette? chiffons de papier, assignats au naturel, corsets à la 1794?

Les frais de quittance équivaudront au coût du paiement;

La dette en déclinaison, et la richesse en ascension, partant du même point, divergent jusqu'à l'infini.

La rente n'est qu'un placement à fonds perdus, suivant un mode de décroissement progressif. En vérité, on prend trop de peine à amonceler des tas d'écus, à fondre en écus, et les sueurs, et les larmes de tout un peuple.

La charge de son acquit pèse peu à une tout autre puissance.

C'est le marc d'argent qui la rembourse bel et bien, dans ses promenades accoutumées sur l'échelle de la valeur monétaire; à partir de 10 sols en l'an mille peut-être, pour aboutir à 54 fr. en 1832.

Eh ! laissez faire le marc, ne laissez pas faire le jeu.

Comparons le nouveau mode à l'ancien.

Vous vouliez amortir la dette : vous aurez amorti la rente, en la transformant en biens de main morte.

En fait de dettes, vous ne pouviez amortir qu'un cinquième, qu'un quart au plus, dans dix années.

En fait de rentes, vous aurez amorti la totalité en un ou deux ans.

Il faut entendre le mot d'amortir.

Deux sens sont cumulés sous ce seul mot. Il exprime à la fois, et que l'Etat s'est déchargé d'une part des intérêts; et que le capital affluant en moindre masse, porte à la bourse, un certain allègement.

Quant au premier point, la décharge de l'Etat ne s'obtient pas gratis, ne s'acquiert qu'au moyen d'une forte dépense du trésor, d'une forte surcharge des peuples.

Et la dépense, comme il a été ultra démontré ailleurs, excède immensément en valeur réelle, ce que rapporte la décharge en valeur nominale : soit au moment même, soit et de plus en plus dans l'avenir.

En telle sorte, que la décharge est nuisible au lieu d'être avantageuse, d'après le coût de la dépense immédiate; et n'a pour but raisonnable, pour résultat profitable, que d'amener indirectement l'allégement de la bourse.

Donc, si l'allègement peut être acquis en quelqu'autre façon, il n'y a plus de motif pour travailler à la décharge.

Donc, s'il doit être acquis sans aucun frais, il y a urgence d'épargner les frais consommés en cette vue.

Or l'allègement de la bourse, ou l'atténuation des capitaux affluans sur le marché, est obtenu au plus haut point, est garanti à jamais, par l'immobilisation des rentes.

Au lieu d'un amortissement factice, onéreux et passager, ce n'est autre chose qu'un amortissement gratuit, naturel, permanent.

Dans le sens de l'allègement de la bourse, les rentes en totalité, sont bientôt amorties, sont devenues bien de main morte, à vrai dire.

Car les mutations par décès ne surviennent que tous les trente ans ; et les mutations par vente, n'adviennent comme pour les terres, que dans la proportion d'un trentième par an.

C'est le quinzième, dont encore un quart ou un tiers ne sont pas aliénés ; ou tout au plus dix millions de rentes, qui tombent sur le marché, dans le courant de l'année.

Au lieu que dans l'état actuel, la dette flottante montant à 3o millions au moins, passe annuellement par 5 ou 6 transferts, jusqu'à concurrence de 15o millions.

Sans parler de la dette non communément flottante, que les crises de hausse et de baisse, précipitent sur la place, peut-être jusqu'à concurrence de 5o millions par an.

Ce qui fait en capital, trois milliards, plus un milliard.

Pour remuer cette masse, ce monde d'effets, qu'avez-vous ?

Pour point d'appui, qu'Archimède eût refusé sans doute, une révolution, au quart faite, aux trois quarts défaite; une révolution fille de trois jours de colère, mère de longues années de crises.

Et pour lévier, puisqu'on parle tant du lévier de l'amortissement, une puissance de 8o et 1oo millions, en lutte avec une puissance de 4 milliards.

Surtout ceci est à noter.

Il y a distance et dissemblance, entre le passé et l'avenir : le compte de celui-là est tout autre, que le compte de celui-ci.

« Le prestige est éteint : en aucun sens, le prestige ne ressuscite. Nous entrons dans l'ère rude et dure des réalités.

« Où est le niais qui s'attende au remboursement effectif : où serait le téméraire qui en hasarderait l'offre simulée ?

« Dès-lors, le cinq reprend le niveau du trois ; ou le trois fléchit dans le rapport du cinq.

« Votre lévier toujours de même force, avait à exhausser les 35 millions de trois, aura à soulever les 17o millions des cinq et des trois réunis.

« Faites le calcul. Si 35 millions de rentes ont été

forcés de cours, au-delà de 15 et 20 fr. ; 170 millions ne le seront que de 3, 4 et 5 fr. au plus (*De la Loi économique*, octobre 1830).

La farce est jouée ; baissez la toile.

Au lieu d'une scène ridicule de bourse, que le théâtre représente désormais le sinistre, le lugubre drame de France.

Pour flatter la bourse, on aigrit les peuples.

Pour décharger l'Etat, on recharge au triple le pays.

Pour épargner 8 ou 10 millions, au cas éventuel d'un emprunt de 200 millions par an, on sacrifie aussi par an 80 et 100 millions, en avance réelle, en attente peut-être vaine.

Pour obtenir l'allègement du marché, on s'obstine à un système qui tend plutôt à l'alourdir, à l'encombrer ; et on se refuse aux voies qui mènent à le nettoyer à fond, à le dégager sans retour.

Voyez plutôt

Le système soustrait dès à présent 100 millions à cause des faux frais, aux forces productives.

Le système tient à la remorque de l'agiotage, un et deux et trois cents millions, commandés pour le maintien du travail, pour le progrès de la richesse.

Le système s'ingère à créer le crédit fiscal, et poussant à l'aveugle vers cette folle chance, arrive à tuer l'ascendant moral.

Eh! bon Dieu, cajolez, flagornez l'espèce à argent.

Le gouffre de la bourse, ainsi qu'il a été stigmatisé trois fois par le rapporteur, prend tout, ne rend rien.

Qu'on essaie de le combler, qu'on y verse les trésors les plus précieux ; l'abîme est sans fond.

Vaudrait autant, comme aux jours anciens, immoler une hécatombe de victimes à Moloch, espérant rassasier sa rage.

Cependant le peuple paie ; et le peuple ne chante plus.

Une révolution est à double, à triple, à multiple entente : chacun la prend en son sens, la comprend à son gré.

Ici, être libre ou même maître ; là, être égal et peut-être supérieur. C'est à l'un et l'autre de ces titres, qu'on l'opéra ou qu'on l'adopta.

Ailleurs et presque partout, c'est-à-dire en l'humble foyer de trente millions de Français ; être quitte, c'est tout.

Bien au contraire : vous taxez et chargez et grevez de plus en plus.

Et la patience échappe ; et le refus ou l'émeute répond : et la force manque, se lasse vite, se retourne peut-être.

C'est clair, c'est sûr. De jour à l'autre, l'ordre est troublé, la paix est rompue, le lien social est dissous.

Alors apparaissent les conspirateurs pour prendre la tête des bandes ; alors reviennent les révolutions pour se succéder, se supplanter de pis en pis.

Alors aussi la politique étrangère se met en quête, se tient aux aguets, l'œil fixe et l'arme en main.

Elle est indécise pourtant ; ou d'attendre l'anarchie à son dernier terme, ou de hâter l'époque de la fatale crise.

En tout cas, on arme au dehors, on arme au dedans.

Mais quelle bienheureuse prévoyance, s'écrie-t-on ! quelle prévision trop fortunée ! fûmes-nous donc sages, habiles, avisés.

Ecoutez. Le crédit nous appelle : le crédit parle.

« Il vous faut des millions par centaines, par milliers. Eh ! que ne le disiez-vous plus tôt. Les millions tombaient d'inanition ; les millions s'amoncelaient à vos pieds !

« Soyez tranquilles. Ces temps reviendront ; seulement attendez.

« Pour le quart-d'heure, il n'y a rien. »

Voilà le crédit, au lendemain, à la veille des révolutions ; voilà le crédit, après la profusion, la prodigalité des faveurs.

Qu'on se saigne, qu'on saigne la France ! dans les flancs du vampire, le sang tourne en eau.

Dans le système actuel, l'amortissement rapporte au fisc 84 millions, et avant 4 ans, 100 millions, et avant 8 ans, 120 millions,

Lesquels millions coûtent aux peuples, un quart en sus, à cause des frais de régie et de contrainte, de saisie et d'amende, c'est-à-dire, 105 millions aujourd'hui, 125 millions demain, 150 après demain.

Mais, cessez de violer les droits, de violer les besoins.

Et spontanément, soudainement, les 100, les 125, les 150 millions, employés à l'œuvre productive, jetteront par an, dix pour cent de valeurs nouvelles.

Et consécutivement, continuellement, suivant la loi des profits accumulés, ces valeurs vivantes s'accroîtront dans une progression double en 7 ans, quadruple en 15 ans, décuple en 25 ans.

Tandis que les valeurs mortes rachetées à la bourse et retirées du marché, suivant la loi de l'intérêt composé, n'augmenteront que dans le rapport du double en 14 ans, du quadruple en 28 ans.

Pour équivaloir à ce minime bénéfice, il suffirait que des valeurs procréatrices, la moitié d'abord, puis le tiers, enfin le quart vînt à être colloqué en rentes.

Effet que le temps amène moins rapidement sans doute, et d'autant plus solidement.

Laissons cette épisode ; laissons les présages.

Vos 84 millions ainsi ravis, ainsi arrachés, ont à *pousser*, pour se servir de l'expression pittoresque du rapporteur, 170 millions de rentes.

Le poids est double en puissance : et même n'est

que trop sujet à s'alourdir sous le coup des crises politiques ou économiques.

Vous avez beau pousser, avec l'élan de vos œux, avec l'appui de vos arts, vous ne pousserez pas haut.

Jamais votre pousse n'a réussi qu'à fouetter le cours pour des instans : désormais votre pousse à peine parviendra à chatouiller le jeu de temps à autre.

Cessez donc de pousser : au moins en façon d'essai, en nature d'épreuve.

D'une part, rendez les 84 millions de recettes, à la liberté : épargnez vous de troquer des valeurs vivantes contre des valeurs mortes, et de soigner un avorton condamné de naissance, au détriment d'un enfant brillant d'espérance.

D'autre part, laissez les 170 millions de rentes en paix ; résignez-vous à consacrer leur existence sous un titre immuable, incommutable ; aidez-les, autorisez-les à changer de caractère, à passer au rang d'immeubles fictifs, de biens de main-morte, ou peu s'en faut.

Qu'en adviendra-t-il, en tout cas ?

En premier lieu, n'ayant pas à emprunter, vous ne recueillerez que bénéfices, que bénédictions.

Les peuples sont soulagés enfin. Les travaux qui font vivre au jour le jour, les produits qui font vivre ensuite et ailleurs, s'élèvent en somme, s'améliorent en prix.

Au plus, il se peut que le cours de la bourse, reste plus bas, de 2 à 3 fr. sur le cinq; dont le taux actuel est de 20 à 30 pour 100, au-dessus du terme moyen des emprunts.

Et de 6 à 10 fr. sur le trois, dont la charlatanerie de bonne foi sans doute, avait exhaussé le titre primordial, dans les écritures simulées du grand livre.

Qui donc jouit? qui donc pâtit? Jugez entre eux.

En second lieu, ayant à emprunter, vous marchez sur des voies ouvertes à nouveau, et point encore frayées, mais larges et faciles, mais sûres et solides.

Ici, la question est rendue à son vrai point; car il a été vu que nos gens de finances, aussi habiles que de l'autre bord de l'eau, ne concevaient ni désir ni espoir, au sujet de l'extinction finale, ou même de l'atténuation notable de la dette.

Des emprunts à meilleur prix, des fonds à bon marché; on ne voit, on ne veut que cela.

Or les 84 millions faillissaient dans leur lutte trop inégale, contre 170 millions de rentes, et tout au plus, élevaient le cours, enlevaient le crédit, d'un trentième, d'un vingt-cinquième.

Maintenant, il est donné congé à l'amortissement : seulement on prélève, on dîme sur ce fond, une somme corrélative aux nouveaux emprunts.

L'emprunt est supposé de 200 millions en capital, de 10 millions en intérêt.

Et il est entendu que la masse de rentes de trois milliards 400 millions, à l'intérêt de 170 millions, est tenu à l'écart quant aux rachats.

Eh bien! en n'extrayant que la dîme, au lieu de soustraire le capital même, des tributs du peuple, vous franchissez par de-là votre attente, vous atteignez à vos fins jusque là imaginaires.

Vous obtenez des écus, plus à bon marché.

Pour cela, à chaque emprunt nouveau, faites un fonds, non pas d'amortissement, vaine promesse de mots, mais un fonds de remboursement, mesure certaine en fait; lequel soit égal au montant de l'intérêt.

C'est-à-dire, fondez 20 millions pour un emprunt de 200 millions, 40 millions pour celui de 400 millions, 100 millions pour celui d'un milliard. Le tout au fur et à mesure de leur création.

Ainsi, même en travaillant à la sotte façon de l'amortissement, ce sont 50 millions qui agissent sur un milliard, au lieu qu'en l'état actuel, il n'y a que 25 millions en action sur cette somme.

Il est simple à croire que le capital de l'emprunt devant être, à ce moyen, racheté en entier dans 14 années, le taux de l'emprunt s'obtiendrait à 4, 5 et 6 plus haut que dans le système en vigueur.

Mais vous travaillez tout autrement, vous garantissez une plus haute certitude d'extinction de l'emprunt.

Vous offrez des chances plus favorables à la spéculation, au jeu, s'il faut le dire : car toujours le jeu fouette le cours; et ici, la ruse n'est pas frauduleuse.

Sans dire que le capital absorbé par l'exercice de l'agiotage sur une masse de 170 millions de rentes, se jette, se précipite au-devant de la modique proie de 5o millions de rentes, qui seule lui est dévolue.

Quant au mode, le choix est à faire.

Vous pouvez adopter le système des obligations de Sicile et d'Espagne, toutefois sous des termes plus rapprochés; d'après lequel un tirage annuel indique la série à rembourser en capital.

Par suite de quoi, il y a une plus forte cause d'ascension et ainsi une amélioration dans le cours de l'emprunt : en ce que la chance chaque année renouvelée, de sortir de la roue de fortune, attrayante à titre de loterie, suscite les tentations.

Comme aussi, en ce que le capital est reçu en bloc, et non par fragmens, aussitôt dispos à constituer un placement nouveau.

C'est au calcul des bureaux qu'il appartient d'apprendre, si pour parvenir à ces fins, il ne serait pas nécessaire d'élever pendant les premières années, au-dessus des dernières et des intermédiaires, la subvention annuelle d'une somme égale à l'intérêt :

Ou si cela plait davantage, de réduire la somme des premiers remboursemens par série, au-dessous de celle des derniers et des intermédiaires.

Chose en tout cas, à peu près indifférente sous tous les rapports.

Vous pouvez aussi employer une autre méthode qui a été parfois appliquée en Angleterre :

Il s'agit du système des annuités proprement dites, suivant lequel il est payé chaque année une fraction du capital de tous les coupons, dont l'intérêt successif décroît en proportion.

Ici peut-être, la confiance serait d'un degré plus élevé; par la raison que le droit de toucher une quotité fixe du capital, se trouve ralliée et assimilée au droit de toucher le montant de l'intérêt.

Par la raison encore que le droit semble être inhérent au coupon même, semble se consolider de plus en plus, par les paiemens successifs : au lieu que dans le mode des obligations, bien que le droit soit consacré en principe, encore il faut la formalité du tirage pour donner ouverture à son exercice.

Du reste, ce système ne porte plus la sorte d'attrait qui s'attache à toute loterie; et plutôt constitue une espèce de placement analogue aux rentes viagères.

Sous le rapport moral, il eût été écarté, en des temps où il y avait à ébranler les mœurs, encore simples et pures : il n'a point à être écarté de nos jours, où il n'y a pas même à relever des mœurs tout-à-fait perdues.

Car le fait marche, précipité par tant de révolutions, et devance ou plutôt dépasse, le droit prêché par les saints Simonistes ; quant à la dissolution essentielle de la famille, ou à la dispensation arbitraire de l'héritage.

Sous le rapport fiscal, seul point de vue à priser maintenant, l'expérience ou plutôt l'épreuve est seule capable de déterminer les avantages, et les inconvéniens respectifs.

Ce n'est pas tout.

Quand au lieu d'un métier, ce sera un art que les finances : quand le ministre sera autre que teneur de livres et fouetteur du cours, de nouvelles combinaisons seront conçues, essayées, admises.

Par exemple, sans sortir de la subvention, à raison de 5 pour 100, et du remboursement en 15 années, on pourrait, au moyen d'une autre répartition, entre les époques, attribuer un intérêt ne décroissant pas, en juste raison des paiemens opérés.

On pourrait, en abandonnant et la subvention et l'amortissement, consentir un intérêt d'abord élevé, puis abaissé peu à peu, jusqu'au taux de 3 ou 2 pour 100 : opérant ainsi la réduction de l'intérêt au lieu de la réduction du capital.

Deux points et surtout le dernier qui devraient donner fortement à penser.

Mais n'importe le mode tel quel, quand il semblerait, quand il serait usuraire.

Encore l'usure est moins coupable, moins nuisible à subir, que la rapine à faire subir.

Et c'est rapine, c'est pillage que de ravir le morceau de pain, mouillé de sueurs, noyé de larmes, à qui porte la vie et prête la force au pays.

Cependant la question n'a été posée qu'en un sens, n'est point creusée jusqu'au fond.

Encore le crédit n'est tant prêché, tant prôné, qu'en vue d'une présomption, d'une prévision soit vraie, soit fausse.

Certes, le rapporteur de 1852, le commissaire de 1831, aucun de ces personnages ne reniera le résumé suivant de leurs discours :

« De l'amortissement vient le crédit ; et du crédit, proviennent les finances ; et des finances, advient le sort de l'État.....

« Le crédit n'est pas facultatif. On peut avoir la guerre; on ne fait pas la guerre sans emprunts....

« La guerre est possible : les emprunts sont nécessaires ; et le crédit est commandé, et l'amortissement doit être adopté. » (*1831.*)

Rien de plus logique, de plus didactique sans doute.

Nul n'est tenté de disputer sur les conséquences : il manque seulement à juger les prémices.

Dans le temps, il y fut répondu en peu de mots, paragraphe par paragraphe.

« L'amortissement vit de l'impôt ; et l'impôt appauvrit les finances ; et les finances compromettent le sort de l'État....

(48.)

« Le crédit n'est pas facultatif. On peut avoir la guerre;
on ne fera pas la guerre avec des emprunts....

« La guerre est possible : les emprunts sont imprati-
cables ; et le crédit est condamné, et l'amortissement doit
être rejeté.

« L'orateur lui-même, a dit que la France n'a que le
Rhin, au lieu de la Manche pour boulevard ; que la
France a fait trois ou quatre banqueroutes, au lieu que
l'Angleterre n'en a jamais fait.

« Il aurait pu dire en outre, que la France s'est fait
on ne sait combien de révolutions ; et s'en fera encore, on
ne sait pourquoi ni comment ; et s'en fera d'autant plus,
en raison de l'aggravation des charges du peuple.

« Rien que le Rhin au devant du pays : rien que des
banqueroutes en ressouvenir, que des révolutions en pressentiment !!!

« Et dans l'intérieur, la discorde, la licence, l'anarchie !

« Non, la guerre ne se ferait pas avec du crédit : car le
crédit ne se livre qu'au prix du vouloir, du pouvoir ;
l'un et l'autre aujourd'hui au faîte, demain à bas. » (*De
l'amortissement*, 1831.)

Même, avant ce temps, cette vérité avait été
exposée d'un point de vue plus haut.

« Le sol est trop mouvant : le crédit n'y prend pas ra-
cine.

« Un peuple défait et refait son roi, sa loi : qu'est-ce
auprès de cela, que la faillite ?

« La toute puissance est dévolue à l'opinion. On peut
ce qu'on veut : dès-lors, on ne veut pas ce qu'on doit.

« En retour, la révolution n'a point à mendier des écus ;
étant prodigue d'hommes, étant puissante en mesures.

« On vivrait de dévastations dans la guerre aggressive, et de réquisitions dans la guerre défensive : ainsi qu'il fût sous la République, sous l'Empire....

« En tout cas, on ne fait pas du crédit : le crédit se fait de lui-même.

« Qu'on couvre d'or ce tapis ; et le jeu se jette, se rûe sur la proie : qu'on affermisse les pieds de la table ; et le crédit s'asseoit , se fonde.

« Le crédit ne s'aliène que sous ces délicates garanties, qu'on veut et qu'on peut, qu'on voudra et qu'on pourra payer.

« Or voudra-t-on , pourra-t-on au premier jour, au nouvel an. » (*La loi des Circonstances*, octobre 1830.)

Vaines citations sans doute ! Quand on n'a pas été entendu d'abord, on est encore moins écouté après.

Il n'importe au devoir, que ne lasse nul essai : il n'importe à l'honneur, qui ne ressort de personne.

Premier axiome : le crédit ne nourrira pas la guerre ; la guerre tuera le crédit.

Second axiome : on n'aura la guerre que si l'on veut : la guerre sera faite comme il se pourra.

Et maintenant fâchez-vous ; choquez-vous : les paroles de Cassandre n'eurent jamais d'autre effet.

La vérité du jour est déja dure à digérer : la vérité des temps révolte et soulève le cœur.

Tant pis pour vous, pour nous : le tonnerre ne gronde pas moins, bien qu'on se bouche les oreilles ; ne foudroie pas moins, bien que l'œil se soit tenu clos aux éclairs.

Après tout, c'est la cause , c'est la guerre , qui constitue le vrai mal, le seul mal : tant il est grand.

Vis-à-vis l'atrocité des immolations d'hommes dont s'ensanglantent ses autels; qu'est-ce donc que l'âpreté des exactions, des extorsions, sur lesquelles ils sont fondés.

Mais distinguons, à l'exemple de M. Peel, dont le langage ne sera pas taxé de partialité, du moins par le parti dominant (1).

Quant à la guerre aggressive, peu de moyens, peu d'espoirs : quant à la guerre défensive, tout au contraire.

Seulement que le nom n'effraie pas, et s'il le faut, qu'on le change.

---

(1) J'ai tant de confiance dans les progrès de l'intelligence et dans la force de la justice , que selon moi, une contrée quelconque qui provoquerait une guerre inique, une guerre sans motif valide, quelle que fût sa puissance financière et militaire, succomberait devant l'opinion publique qui, mettant de côté toutes les dissentions , et ralliant l'Europe en un faisceau , ferait triompher la grande cause de la paix et de l'équité.

Je dis de même , avec une parfaite conviction que, si la France , quand elle défendit ses propres droits , quand elle se révolta contre les mesures du pouvoir, avait été assaillie par les puissances de l'Europe pour l'empêcher de se donner un gouvernement de son choix , elles auraient été vaincues dans cette injuste guerre , et que la France aurait accompli ses desseins, en dépit de la confédération générale. (19 février 1831.)

Le fait existe, a existé, existera en temps et lieu, tôt ou tard, bon gré malgré et comme à l'insçu : par cela qu'il est de l'ordre suprême des nécessités.

L'heure a sonné. Le pays est envahi ou menacé : que résulterait-il de la défaite ?

Ici, il y a en jeu plus que l'honneur, que chacun prend en sens divers, que tous tournent en leur sens personnel.

Il y a l'intérêt qui parle partout et toujours de même ; l'intérêt qui pèse et calcule.

La France se laissera-t-elle faire ? Que de pertes ! quelle ruine ! quelle fin !

D'abord l'opulence et l'aisance, s'offrant à la vue, se tenant sous la main, auront à subir, à payer au signal, sans terme, outre mesure.

Et elles implorent la loi, appellent les charges, préparent le tribut.

Or en fait d'impôts accoutumés, il n'y a guère à porter en compte, que les droits sur les cotons au quadruple, et sur les sucres, les cafés d'un quart en sus.

En de tels temps, la matière imposable se concentre dans le revenu des biens, dans la dépense des ménages.

Ainsi se présente en première ligne, un subside analogue à l'*income tax*, lequel a soutenu l'Angleterre pendant quinze ans, et produisait de 12 à 15 millions sterlings.

Subside perçu en ce pays, sur la simple déclaration de la fortune, et perceptible en France, d'après les bases de l'impôt mobilier.

Subside à répartir ici comme là, sur l'échelle plus ou moins marquée du mode progressif.

Ainsi se présente en même temps, la surtaxe foncière, en vain proposée en 1816, encore proposée en 1831 (1).

Surtaxe qui devrait respecter les cotes au-dessous de 100 fr. et, par delà ce taux, s'élever plus que proportionnellement ;

Qui pourrait s'exercer dans une immense latitude, d'après les assertions infiniment justes de M. Dupin aîné et de M. Charles Dupin :

« Que trois mille francs d'impôts représentent trente mille francs de revenu ; que le revenu de la France s'est accru en quarante années de cinq milliards à huit milliards, et le revenu de Paris , de 300 millions à 900 millions. (23 décembre 1831.) »

Par suite, se présenterait, la surtaxe des mutations à titre gratuit : non sans égard à la quotité des rentrées.

Maintenant, il n'y a qu'un pas à franchir, qu'un mot à digérer, pour atteindre à la réalité, pour condescendre à la nécessité.

Et les bases s'élargiraient, les voies s'aplaniraient, permettant mieux, promettant plus et plus vite.

Il s'agit de l'emprunt, restant libre pour ceux

____

(1) (Quelques vues sur les finances, 1816 : De l'impôt, suite, 1831.)

qui s'y prêtent, devenant forcé pour ceux qui s'y refusent :

Par conséquent, étant équitable à vrai titre, étant profitable en rapport décuple, vis-à-vis la farce d'emprunt Rodriguès.

Ici du moins, il y a un exemple, un précédent, pour empêcher les gens de s'effaroucher.

Sans parler des temps de la république, la restauration a fait un emprunt forcé de 100 millions, en 1816; plus rude et plus dur que n'en serait un de 200 millions en 1832.

Qu'on prenne note de ceci, et qu'on n'en perde mémoire.

En quoi s'acquitte l'impôt? en espèces d'or et d'argent. Où peut-on appréhender les espèces? là où elles sont.

Le tribut en matières et denrées , ou la dîme ancienne, s'opérait aussi où il y en avait : et ne s'opérait pas ailleurs, parce qu'il n'y avait pas des matières, ni autrement, parce qu'il n'y avait nulle part des espèces.

Les choses ont changé en forte partie : les lois ont à changer dans le même sens, sous la même mesure.

En dehors de l'opulence et de l'aisance ; on vit de son avoir propre, et tout au plus, de quelques échanges faits au marché.

Loin qu'il y ait trésor, que le fisc puisse saisir, il n'y a pas d'argent qu'on puisse recueillir et lui offrir.

En outre, point d'épargnes, ni sur les rentrées du passé, ni sur les nécessités du moment : et à plus forte raison, point de crédit, même au taux d'un patard.

D'où, pour faire de l'argent, pour fabriquer de la monnaie à son coin, il faut au terme fatal, vendre hors de propos, à vil prix ;

On ne sait pas cela encore : on l'apprendra trop tard.

Le tribut en espèces pèse d'un poids double, quadruple, là où les espèces ne résident pas, où elles sont à inventer.

Certes, un tel tribut est à bon droit, désigné sous le titre d'impôt forcé; à meilleur droit que ne l'est, l'emprunt forcé même.

Attendu qu'aux lieux où frappe l'emprunt forcé, parfois une bourse de précaution, et toujours une faculté d'épargnes passées ou présentes, toujours un pouvoir d'emprunt ou de crédit courant, se rencontrent au besoin, en raison.

Or, tandis que l'opulence et l'aisance viennent ainsi contribuer au secours de l'État, au soutien de la guerre, la malaisance et l'indigence ne laissent pas que de coopérer à la sainte œuvre.

Mettons à part les prolétaires de ville et de campagne, qui doivent peu en temps de paix et rien de plus en cas de guerre.

Par cela qu'il y a impuissance pour eux de payer, et pour le fisc de les faire payer ; par cela qu'il y aurait iniquité à imposer les frais à des gens qui n'encourent de risques en nul état de choses.

Il en est autrement de la masse des petits propriétaires, dont l'intérêt est minime pendant la paix, est immense pendant la guerre.

Dévastation des récoltes et des semailles, spoliation de la subsistance, destruction de la propriété : et souvent sévices, violences, massacres même.

Nulle classe n'est aussi menacée ; comme aussi nulle classe ne subvient autant.

Les conscriptions d'hommes, les réquisitions de travail, les préhensions en nature : telle est la sorte de leurs tributs.

Mais voudra-t-on, pourra-t-on croire ?

En général, car il faut entrer dans les mœurs, comme dans les besoins du paysan, les conscriptions se bornent à l'effet physique, d'augmenter sa tâche personnelle.

Et les réquisitions de travail ou de transport, portent d'ordinaire la nourriture des gens et des bêtes : chose d'un grand prix.

Et les préhensions ne frappent guère que sur les avoines et fourrages : non sans être admises en quittance de contributions, ou sans être assurées du remboursement final.

De plus, dans les contrées attenantes au théâtre de la guerre, ou servant de passage aux troupes, où s'exercent plutôt ces âpres mesures, il se rencontre des compensations souvent équivalentes.

Deux points surtout sont à considérer.

Le péril est frappant, est flagrant : et dès-lors, pour lors seulement, les hommes se rallient de bon gré, travaillent de concert, obéissent à l'ordre : l'idée ou le sentiment leur survenant enfin, qu'il y a une patrie, et qu'ils se sauvent en sauvant la patrie.

Puis, le paysan n'a point à débourser l'argent dont il est dépourvu ; seulement il a à employer sa force et son temps dont il ne manque pas.

Tellement qu'en ce cas extrême, le sacrifice matériel est moins pénible, et la récalcitrance morale est presque nulle.

Oui et mille fois oui, il vaut mieux s'en remettre pour les ressources, à la merci de circonstances tout-à-fait contingentes, qui portent et offrent auprès du mal, le remède :

Plûtôt que de prolonger et d'aggraver encore des charges irritantes, écrasantes, qui à la fois aigrissent au dernier point les esprits, et atténuent les moyens de faire face aux épreuves menaçantes.

Les tributs de la campagne, et surtout les taxes de guerre, et par-dessus tout l'emprunt forcé, qui répondent au moment, qui satisfont au besoin, sont infiniment préférables à cet intolérable système d'entretenir à grands frais le crédit qui s'esquive à propos, et de l'entretenir aux dépens de la classe même qui n'y met aucun prix, qui n'en tire nul profit.

Le temps manque, et la force peut-être, et le talent sans doute.

Le titre de l'écrit promettait des considérations de deux ordres : d'abord contre les rachats de rentes, puis pour le rachat de la gabelle, de la taille.

Ce dernier point ne recevra pas ses développemens : lesquels, au reste, ont déja été exposés en plusieurs occasions; et certes, le seront encore, le seront sans fin, jusqu'à mort d'homme.

Toujours est-il qu'en lui-même, que par lui-même, le système d'amortissement est démontré vain et faux, au moins inutile et de plus funeste.

Si bien que pour qui raisonne quelque peu, il n'y aurait pas lieu à le mettre ou à le garder en pratique; quand même les fonds commandés pour ce service, seraient versés à longs flots du sein des nues, sur cette terre desséchée.

Sauf toutefois qu'à défaut de leur emploi en cette façon, ils ne dussent y remonter et s'y perdre.

Si bien, et à plus forte raison, que sa pratique se trouverait encore insensée : alors que lesdits fonds seraient prélevés sans peine et sans frais, sans dommage quant à la subsistance et à la production, sur l'excédant disponible de revenus, ou sur la masse des dépenses volontaires.

Loin de là, au plus loin de là ! car enfin le mystère d'iniquité, le secret voilé par les artifices, vient à apparaître au grand jour.

Qu'a-t-on fait jusqu'à cette heure ?

Le budget est présenté : le rapport est retardé. Et les temps pressent, soit à cause des besoins de l'État, soit par l'effet des fatigues de la chambre.

Par malheur, l'article de la dette publique est en tête du budget : et non par hasard, l'article du fond d'amortissement se confond avec lui.

Alliance qui révolte le bon sens : la dette constituant une charge qui ne devrait pas même être soumise au vote ; et le fond constituant un service qui au contraire doit être discuté et résolu avec le plus grand scrupule.

Eh bien ! tout passe, tout passera, l'un portant l'autre. Ainsi que le devoir parle là, il semble que l'intérêt parle ici !

C'est 170 millions pour la dette, 84 millions pour le fond, au total 254 millions : auxquels il faut subvenir par telle voie que ce soit.

Et notez que la grosse pilule de l'amortissement, ne rencontre point d'obstacles au passage : l'esprit de critique se réservant de prendre une revanche signalée, aux dépens des 95 ou 97 chapitres spéciaux du budget.

A bout de compte, on aura rogné et lésiné, en

un ou deux mois de debats , jusqu'à concurrence de 5 à 6 millions : lesquels sont comptés , à valoir d'autant sur le fonds d'amortissement.

En sorte qu'il ne reste à percevoir que pour la modique somme de 80 millions environ.

Or le nœud gordien étant difficile à dénouer , il paraît plus expédient de le trancher.

En raison, même à part de justice , il faudrait opérer un double travail, et dresser un tableau en deux colonnes parallèles.

L'une où seraient inscrits, suivant leur importance morale et politique , les dettes et services de l'Etat;

L'autre où seraient tracés, d'après leur convenance relative et comparative , les impôts et taxes du peuple.

Au moyen de quoi, l'assignation des recettes aux paiemens, aurait lieu dans l'ordre de l'importance et de la convenance.

C'est assez clair, peut-être : et il est clair aussi que le service de l'amortissement cesserait d'être rallié à l'acquit sacré de la dette, et tomberait au dernier rang des services.

Car, nul être n'est assez osé pour dire qu'il doive avoir le pas :

Sur les rentes et pensions	261,000,000
Sur les services généraux	444,000,000
Sur les frais de perception	118,000,000
Sur les remboursemens et dotations	48,000,000
Total des charges positives	871,000,000

D'où ledit service doit être reporté ou rejeté en face des taxes iniques et ruineuses, qu'on abolirait de préférence, qu'on abolirait en son absence.

A Dieu ne plaise que la question soit posée ainsi, ou même qu'elle soit aucunement posée : car la solution éclaterait à la manière de la foudre.

Au moins on a de l'esprit.

On ne se hasarde pas à présenter ce dilemme.

« Messieurs, vous avez à retrancher 84 millions de dépenses, ou à ajouter 84 millions de recettes. »

On s'en refert plutôt au syllogisme pur.

« Messieurs, vous avez arrêté les dépenses à 955 millions ; vous avez à élever les recettes à 955 millions. »

Et c'est bien dit apparemment, puisque nul n'y trouve à redire.

Voilà par quelles manœuvres, par quels stratagèmes, les députés de province, sont amenés, à contre-cœur de leurs sentimens, à contre-sens de leurs intérêts, à voter et la vieille charge de la gabelle, et la nouvelle charge de la taille.

Seulement et uniquement, à l'effet d'entretenir le service de l'amortissement : ce paiement et ces recettes étant équivalens.

Quant à la gabelle, on ne peut s'étonner que ce nom soit appliqué à la taxe du sel : qui n'en diffère qu'à raison du taux et du mode ; qui même la dépasse sinon en rigueurs, du moins en pertes, attendu que l'emploi de cette denrée serait maintenant plus abondant et plus productif.

Quant à la taille, on doit entendre qu'elle se retrouve avec toutes ses perfections ; non pas dans la conception, mais bien dans l'exécution de la loi du 26 mars 1831.

Le ministre même en fait l'aveu naïf, dans un discours fort curieux (29 novembre 1831) (1).

---

(1) « Il est arrivé que les rôles n'ont pu être finis que vers la fin de l'année.

« Les répartiteurs seuls peuvent dire : tels et tels sont indigens.

« Il est, dis-je, arrivé que les contrôleurs ont été très pressés, et n'ont pu consulter les répartiteurs. »

Or, qu'était-ce que la taille, sinon une taxation infligée au bon plaisir ou à tout hasard, par les subdélégués des intendances ?

Alors il n'y avait point de répartiteurs : à présent, c'est comme s'il n'y en avait pas.

Les contrôleurs n'ayant pu les consulter, personne n'a indiqué les indigens ; et les indigens ont été taxés.

« Les avertissemens ont été envoyés, parce que les rôles étaient faits. »

Mais comment les rôles ont-ils été faits avant le travail des répartiteurs ? Le ministre l'a-t-il ordonné ? l'a-t-il toléré seulement ?

En tout cas, la loi est enfreinte, la justice est violée, la paix est compromise.

« Vous savez que les douzièmes échus sont exigibles nonobstant les réclamations, et que les réclamations doivent être écrites sur papier timbré. Eh bien, nous avons dispensé de tout cela. »

Qu'il soit fait une enquête. Elle apprendra que jamais sous monarchie, république ou empire,

---

La réparation est peu coûteuse et la dispense peu périlleuse.

Comment, vous débutez par taxer à tort et à travers ! puis, vous accordez la faveur de réclamer avant de payer !

Comment, vous chargez ceux-ci pour la première fois, et ceux-là au double, au quadruple ! puis, vous déchargez pour le timbre, de 7 sols, justement le vingtième, le centième de la surcharge opérée !

Eh ! bon Dieu, après avoir mis le pistolet sous la gorge, après avoir enlevé la bourse aux passans, quel voleur de grand chemin viendrait exiger le paiement de l'amorce brûlée ?

L'avance, le timbre ne sont plus exigés. C'est agréable à quelques-uns ; c'est indifférent pour le plus grand nombre.

Tant il est de malheureux qui ne savent ni n'osent, qui ne peuvent payer la façon du placet.

« On a pensé qu'une contribution qui n'est que de trois journées de travail, devait être un impôt de quotité. »

Le ministre semble ignorer que ces trois journées font le centième du revenu pour l'homme seul, le vingtième pour l'homme affligé de trois enfans.

« L'impôt personnel n'était pas payé par un quart, un tiers, une moitié même de ceux qui pouvaient le payer. »

Hélas ! la restauration n'a pas mérité un tel éloge : déja on faisait payer ceux qui ne pouvaient, ne devaient payer. Peut-être parce qu'elle a possédé deux ou trois fois le même ministre.

« On supporte facilement ses charges, quant on a *la bonne volonté* de se soumettre à la loi. »

Ici la patience échappe. Veuille donc le ministre avoir enfin de la bonne volonté !

on n'exploita en telle façon, *la gent taillable et corvéable à merci.*

Un impôt calculé pour donner 20 ou 25 millions, et amené à donner 40, 5o, 6o peut-être !

Des enfans de famille et sans état ; des indigens et des mendians même, taxés à 10, 20 et 3o fr. ! ! !

Dans les campagnes, les contraintes ne cessant pas, et les saisies, les ventes s'ensuivant !

Dans les villes, le refus de faire reporter sur l'octroi, les plus basses cotes !

La magnanime rétribution de sa seule personne équivaudrait à la minime contribution de dix mille de ses semblables.

« Beaucoup de gens n'avaient pas entendu parler de contribution, *de leur vie....* cela a fait une *sensation :* mais cette sensation, etc., etc. »

Quelle expression deux fois répétée ! on croirait qu'il s'agit d'une piqûre de mouches, quand les serres du vautour viennent arracher un morceau de chair vive.

« Permettez-moi de dire un mot sur les inquiétudes qui se sont *glissées.* »

Le mot est pittoresque, voire même romantique.

Vaines inquiétudes ! sottes inquiétudes ! qui se glissent à l'insu, à l'improviste, et bientôt tombent à plat.

« Il ne faudrait pas qu'il partît de cette tribune *un seul mot* qui animât cette disposition à la résistance. »

Où est la résistance ? Non pas contre la loi qui a été violée, au plus contre le fisc qui a violé la loi.

Retournons la phrase :

Il faudrait bien qu'il partît des chambres un bon décret qui vînt réprimer ces hideuses tentatives de l'arbitraire.

Un fait est connu personnellement : dont il y aurait à se féliciter plutôt qu'à se plaindre, si ce devait être un acheminement à l'impôt désigné sous le titre de progressif.

VERSAILLES.

Portes et fenêtres.	impôt personnel et mobilier.
1830, 51 fr.	25 fr.
1831, 80 fr.	194 fr.

Qu'il soit fait enquête : car il y a des exemples bien plus choquans encore.

Qu'il soit fait justice : si ce n'est par devoir, au moins par intérêt.

Et qu'on se le rappelle à propos : c'est au prix des exactions de la taille, de la gabelle, que le fond d'amortissement s'obtient.

IMPRIMERIE D'A. PIHAN DELAFOREST, rue des Noyers, n° 37.